ПРЫГАЮТ НА ЯЗЫКЕ СКОРОГОВОРКИ, КАК КАРАСИ НА СКОВОРОДКЕ

Материалы
для занятий по русской фонетике

Составители:
Н.В. Богданова-Бегларян, С.Б. Степанова

Санкт-Петербург
«Златоуст»

2013

УДК 811.161.1

Прыгают на языке скороговорки, как караси на сковородке : материалы для занятий по русской фонетике / сост. Н.В. Богданова-Бегларян, С.Б. Степанова. — СПб. : Златоуст, 2013. — 64 с.

Tongue-twisters at the Russian lesson : materials for the lessons in Russian phonetics / comp. N.V. Bogdanova-Beglaryan, S.B. Stepanova. — St. Petersburg : Zlatoust, 2013. — 64 p.

*Рекомендовано к изданию кафедрой русского языка
как иностранного и методики его преподавания СПбГУ*

Гл. редактор: *А.В. Голубева*
Редактор: *И.В. Евстратова*
Художник: *К. Петрова*
Оригинал-макет*: Л.О. Пащук*

В пособии содержатся материалы для занятий по русской фонетике — систематизированный свод русских скороговорок, пословиц, поговорок, идиоматических выражений и небольших стихотворений, звуковая форма которых представляет собой особую трудность для носителей японского и ряда других языков.

Настоящее собрание предназначено для использования на занятиях по русской фонетике, а также для самостоятельной работы по совершенствованию русского произношения инофонами.

ISBN 978-5-86547-742-6

Подготовка оригинал-макета: издательство «Златоуст».
Подписано в печать 02.07.13. Формат 60x90/16. Печ.л. 4. Печать офсетная. Тираж 3000 экз. Заказ № 867.
Код продукции: ОК 005-93-953005.
Санитарно-эпидемиологическое заключение на продукцию издательства Государственной СЭС РФ № 78.01.07.953.П.011312.06.10 от 30.06.2010 г.
Издательство «Златоуст»: 197101, Санкт-Петербург, Каменноостровский пр., д. 24, оф. 24.
Тел.: (+7-812) 346-06-68, факс: (+7-812) 703-11-79, e-mail: sales@zlat.spb.ru,
http://www.zlat.spb.ru
Отпечатано в ООО «ПрофПринт».
194362, Санкт-Петербург, пос. Парголово, ул. Ломоносова, д. 113.

Оглавление

От составителей

Роль материала в преподавании любого языка переоценить трудно. Известно, что грамотно построенный учебник, где до мелочей продуманы как предлагаемый лексический материал, так и методика его подачи, существенно облегчает работу преподавателя.

Обычно фонетические занятия в иностранной аудитории строятся с учетом особенностей конкретного типа межъязыковой интерференции, поскольку носители разных языков испытывают различного рода произносительные трудности. Любой преподаватель русской фонетики знает, что, например, в англоязычной аудитории особого внимания требует постановка русских зубных (в отличие от английских апикальных) /t–t'/ и /d–d'/; в немецкой — дифференциация начальных /s–z/ или постановка конечного твердого /x/; в японской аудитории — русского огубленного /u/ и различение /r–r'/ — /l–l'/; и т. п. Некоторые трудности являются универсальными для носителей любого языка — например, произношение русского /ы/, дифференциация твердых и мягких согласных или постановка передненебного дрожащего /r/. Иными словами, для успешной отработки русского произношения в иностранной аудитории необходимы, как минимум, основательная теоретическая база (своеобразный прогноз речевых ошибок, специфический в разных аудиториях и основанный на сопоставительном описании фонетических систем двух контактирующих языков), тщательная методическая продуманность подачи материала и, конечно, сам этот лексический материал.

Следует отметить, что на фонетических занятиях этот материал может существенно отличаться от того, который обычно используется на уроках по грамматике или разговорной практике: в фонетике важнее не лексическая освоенность слова, не роль его в коммуникативном пространстве говорящего, а представленность в его фонетической структуре тех или иных русских звуков и/или их сочетаний. Подход к отбору материала для занятий по фонетике существенно отличается, таким образом, от общепринятого в лингводидактике. Присутствие редких слов, содержащих, однако, в своей структуре необходимые звукосочетания, оказывается в таких случаях вещью весьма обычной и никого не удивляет. Обращение к значению слов на этих уроках не является обязательным; не случайно и начинается постановка произношения, как правило, не со слов и тем более не с текстов, а со слогов и так называемых «минимальных пар»: *ба-бя-бья, бо-бё-бьё, бар-пар, бор-вор, бор–бур* и т. п.

Этот произносительный тренинг является столь же необходимым, сколь утомительным и немного скучным — как для учащихся, так и для самих преподавателей. Неудивительно поэтому стремление последних как-то разнообразить используемый на уроках лексический материал, сохраняя при этом главный принцип его отбора — фонетическую систематизацию.

Одним из способов такого расширения дидактического материала является использование для фонетических упражнений специфических фраз и оборотов — скороговорок, палиндромов, пословиц и поговорок, идиоматических выражений, а также небольших стихотворений, в которых повышенная частотность употребления того или иного гласного или аллитерация различных согласных позволяют сделать упор на их произношении или на дифференциации близких в артикуляторном отношении звуков.

Именно с этой целью была составлена «Фонетическая хрестоматия», изданная на филологическом факультете Санкт-Петербургского государственного университета в 2003 году (Фонетическая хрестоматия. Материалы по русской фонетике. Скороговорки и палиндромы. Пословицы и поговорки. Идиоматические выражения. Стихи. СПб., 2003, 204 с. Составители — Н.В. Богданова и Л.В. Игнаткина). Это пособие представляет собой фонетически систематизированное и упорядоченное собрание того самого специфического языкового материала, о котором говорилось выше — скороговорок (в том числе палиндромов — фраз, последовательность букв в которых одинакова как слева направо, так и справа налево; в дальнейшем изложении они помечены знаком (*) — *А муза раба разума*), пословиц и поговорок, идиом, а также «фонетических стихов», как правило, небольших по объему и простых по содержанию. Думается, что использование такого материала позволит преподавателю, сохраняя общую направленность на постановку и тренинг произношения тех или иных русских звуков, одновременно разнообразить фонетические занятия, поговорить со студентами о специфике русского мировосприятия, расширить их кругозор и русский лексический запас, сделать небольшие экскурсы в историю как русского языка, так и русского народа.

В настоящем издании предлагается подборка материалов из «Фонетической хрестоматии», которые могут оказаться полезными прежде всего в японской аудитории, а также для носителей ряда других языков.

Так, предварительный сравнительный анализ фонетических систем русского и японского языков позволил выявить следующие типичные отклонения в речи японцев от русской произносительной нормы.

В области вокализма

1. Недостаточная огубленность гласного /u/, иногда его полная делабиализация и, как следствие, — отсутствие огубленных аллофонов согласных перед /u/.

2. Неразличение гласных /i/-/ы/.

В области консонантизма

1. Неразличение согласных (в некоторых позициях):
- /b/-/v/-/b'/-v'/;
- /m/-/n/-/m'/-/n'/, главным образом в конце слова;
- /f/-/x/-/f'/-/x'/;
- /t/-/t'/-/č/;
- /d/-/d'/-/ž/ (русский твердый звонкий /ž/ произносится японцами как смягченный [ž'] или смягченнная аффриката [d③ž']);
- /s/-/s'/-/š/-/š'/;
- /r/-/l/-/r'/-/l'/;

2. Произнесение /z/ как аффрикаты [d③z].

3. Смягчение русских твердых /š/ и /c/.

Для постановки всех вышеперечисленных звуков в первую очередь, конечно, необходима информация об их артикуляции, а также обычные фонетические упражнения на материале типа *бы-би-бьи, сон-сом, вес-весь-вещь* и т. п. Однако хорошим дополнением и продолжением этих упражнений могли бы стать и материалы, предлагаемые «Фонетической хрестоматией» и приводимые в настоящем пособии. Словник того и другого, безусловно, избыточен, но преподаватель при этом получает уникальную возможность отобрать необходимый ему для урока материал — с учетом количества учебного времени и типа аудитории. Так, например, применительно к произношению русского /ы/ отдельно приводятся тексты для произношения собственно /ы/, а также для различения гласных /ы-i/ и /ы-u/.

Столь же трудной в целевой аудитории можно считать ситуацию с произношением русских /r/-/r'/-/l/-/l'/ Для этой цели может быть использован обширный материал, приведенный ниже. Как и в случае с /ы/, он строго фонетически систематизирован и представлен четырьмя жанровыми разновидностями: скороговорки, пословицы и поговорки, идиоматические выражения и стихи.

Во избежание лишних трудностей все тексты в пособии снабжены ударениями.

Скороговорки предполагают тщательную предварительную подготовку, вырабатывание навыков чистого, хотя и необязательно «скорого», произношения и — при необходимости — даже заучивание наизусть.

Пословицы, поговорки и идиоматические выражения представляют собой серию текстов, в которой сохраняется предложенная выше фонетическая систематизация. Этот материал дает преподавателю особенно много возможностей делать «отступления» от фонетики в область культурологии и лингвострановедения, позволяет перемежать фонетический тренинг с элементами разговорной практики.

Наконец, небольшие стихи дадут возможность еще более разнообразить занятия методически и лексически, продолжая одновременно работать над укреплением навыков произношения данного звука.

Настоящее пособие может использоваться на занятиях по русскому языку в различных университетских аудиториях, а также в школах, на языковых курсах и в прочих ситуациях преподавания русского языка иностранцам. Оно может быть полезно также всем тем, кто готов самостоятельно совершенствовать свое русское произношение.

/u/

Карау́лила У́ля у́лей, у́тром усн́ула У́ля у у́лья.
Купи́ла Мару́ся бу́сы у бабу́си.

— Расскажи́те про поку́пки.
— Про каки́е про поку́пки?
— Про поку́пки, про поку́пки,
Про поку́почки свои́.

— Говори́т попуга́й попуга́ю:
— Я тебя́, попуга́й, попуга́ю.
Отвеча́ет ему́ попуга́й:
— Попуга́й, попуга́й, попуга́й!

Куку́шка кукушо́нку
Купи́ла капюшо́н.
Наде́л кукушо́нок капюшо́н —
Ка́к в капюшо́не он смешо́н!

Дру́жба дру́жбой, а слу́жба слу́жбой.
Лу́чше учи́ться на чужо́м о́пыте.
Рука́ ру́ку мо́ет.

Держа́ть ру́ку на пу́льсе.
До глубины́ души́.
Душа́ в ду́шу.
Из рук в ру́ки.
Из уст в уста́.
Ни слу́ху ни ду́ху.
Рабо́тать засучи́в рукава́.
Рабо́тать спустя́ рукава́.
Шу́тки в сто́рону.

/Ы/

Был бык тупогу́б, тупогу́бенький бычо́к,
у быка́ бела́ губа́ была́ тупа́.
Ма́ма мы́ла Ми́лу мы́лом, Ми́ла мы́ла не люби́ла.
Мы услыха́ли от совы́, что не́ту слов на бу́кву "Ы".
Пли́ты плы́ли впритьı́к.
Пыли́нка на были́нке.
У Е́вы я и Вы, а Е́ва у айвы́.
Цыга́н на цы́почках стои́т и «Цыц!» цыплёнку говори́т.

❧

Я люблю́, когда́ при встре́че
Мы знако́мым и родны́м —
«С до́брым у́тром!»,
«До́брый ве́чер!»,
«До́брой но́чи!» — говори́м.

❧

Вот с каки́ми он слова́ми
Прибежа́л одна́жды к ма́ме:
— Е́сли ру́ки мы́ли вы,
Е́сли ру́ки мы́ли мы,
Е́сли ру́ки вы́мыл ты,
Зна́чит, ру́ки вы́мыты.

Мы спроси́ли у Алёшки:
— Ты умы́лся?
— Да, немно́жко.
— У́ши мыл?
— Мыл.
— Ше́ю мыл?
— Мыл.
— Ру́ки?
— Ру́ки? Нет, забы́л.

Вы́лететь из головы́.
Вы́нести сор из избы́.
Вы́ше головы́ не пры́гнешь.
До глубины́ души́.
Злы́е языки́.
И во́лки сы́ты, и о́вцы це́лы.
Мы́льный пузы́рь.
На безры́бье и рак ры́ба.
Нет ды́ма без огня́.

/b/ — /b'/

Бáбушка Белóва бéгала бегóм, бéлого барáна бѝла батогóм.
Лѝбо дóждик, лѝбо снег, лѝбо бýдет, лѝбо нет.
Люби́ла Людми́ла любы́е бели́ла.

Хóдит Люба вóзле дýба,
Нам гляде́ть на Любу любо.
Прислони́лась Люба к дýбу,
Любо нам гляде́ть на Любу.

Бéлый снег,
Бéлый мел,
Бéлый зáяц тóже бел,
А вот бéлка не белá,
Дáже бéлой не былá.

Вот бутóн,
А вот — батóн.
Вот — бидóн,
А вот — питóн.
Ну, а вот — бетóн.
В пéчке вы́печен
Батóн,
А в петли́цу вдет
Бутóн,
По травé ползёт
Питóн,
Молокó течёт в бидóн,
А на стрóйке есть
Бетóн.

Па́ра бараба́нов, па́ра бараба́нов,
Па́ра бараба́нов
Би́ла бу́рю.
Па́ра бараба́нов, па́ра бараба́нов,
Па́ра бараба́нов
Би́ла бой.

Брать свои́ слова́
обра́тно.
Будь что бу́дет.
Была́ не была́.
Забы́тый бо́гом край.
Мно́го брать на себя́.
Челове́к с большо́й
бу́квы.

Бережёного Бог бережёт.
Лу́чше быть здоро́вым и бога́тым,
чем бе́дным и больны́м.
Нельзя́ объя́ть необъя́тное.

/v/ – /v'/

Непонятные слова
Говорит в лесу сова:
Слово — выдох, слово — вдох,
А потом тихонько: «О-ох!»
Это, охая, сова,
Учит новые слова.

Ворон и ворона варили варенье.
Водовоз вёз воду из водопровода.
Проворонила ворона воронёнка.
Я не виновен, вина у Ивана: ванна —
моя, но не новая ванна.

Век живи, век учись.
Ворон ворону глаз не выклюет.
Вола зовут не пиво пить, а хотят на нём воду
возить.
С волками жить — по-волчьи выть.

Вбить себе в голову.
Взять себя в руки.
Встать во весь рост.
Давать голову на отсечение.

Давать слово.
Дырявая голова.
Светлая голова.

/v/–/v'/–/b/–/b'/

Ве́рба, ве́рба, ве́рба
Ве́рба зацвела́.
Э́то зна́чит — ве́рно,
Что весна́ пришла́.
Э́то зна́чит — ве́рно,
Что зиме́ коне́ц.
Са́мый, са́мый пе́рвый
Прилете́л скворе́ц.

Рабо́та не волк, в лес не убежи́т.

Ба́бушка на́двое сказа́ла.
Вали́ть с больно́й головы́
на здоро́вую.
Вита́ть в облака́х.

15

/n/—/n'/

А мне не до недомога́ния.
Ма́ма Ма́ню мы́ла мы́лом, в ва́нне ма́ло Ма́не мы́ла.

Но́чью на́ небе — оди́н
Золоти́стый апельси́н.
Минова́ли две неде́ли.
Апельси́нов мы не е́ли,
Но оста́лась в небе только
Апельси́новая до́лька.

Дарёному коню́ в зу́бы не смо́трят.
День на́ день не прихо́дится.
Куда́ ни кинь — всё клин.
На войне́ как на войне́.
Не сты́дно не знать, сты́дно не учи́ться.
Оди́н в по́ле не во́ин.

Нежда́нно-нега́данно.
Ни зги не ви́дно.
Со дня́ на́ день.
Цены́ ему́ нет.

/m/—/n/

Бара́н Буя́н зале́з в бурья́н.
Ива́н, Ива́н, вырыва́й бурья́н.
Колоти́л Клим клин в клин.
*Нажа́л каба́н на баклажа́н.

— Бом! Бом! —
Сту́кнул гром,
Слы́шен го́лос гро́ма:
— Бу́м-бу́м-бу́м!
Вы до́ма?

Кто́-то с зонто́м
Хоте́л войти́ в дом,
Но с огро́мным зонто́м,
И откры́тым прито́м,
Как он по́нял пото́м,
Нельзя́ войти́ в дом.

Жить свои́м умо́м.
Жить чужи́м умо́м.
За́дним умо́м кре́пок.
Хозя́ин — ба́рин.
Чемода́н с двойны́м дном.

Вече́рний звон,
Вече́рний звон,
Как мно́го дум наво́дит он!
    О ю́ных днях
    В краю́ родно́м,
    Где я люби́л,
    Где о́тчий дом.
И как я, с ним
Наве́к простя́сь,
Услы́шал звон
В после́дний раз.

Всяк умён свои́м умо́м.
И оди́н в по́ле во́ин, е́сли он по-ру́сски скро́ен.
Оди́н в по́ле не во́ин.
Оди́н сын — не сын, два сы́на — полсы́на,
а три сы́на — сын.
Слы́шал звон, да не зна́ет,
где он.
Чужи́м умо́м не скопи́ть
на дом.

/f/ – /f'/

Лов форе́ли у ри́фа.
Федо́т Федо́тов в фуфа́йке улете́л вчера́ в Уфу́.
Федо́тов вво́лю ел вчера́ из фру́ктов ва́фли до утра́.
Фо́фанова фуфа́йка Фёдору впо́ру.

Сказа́ла тётя: — Фи, футбо́л!
Сказа́ла ма́ма: — Фу, футбо́л!
Сестра́ сказа́ла: — Ну, футбо́л…
А я отве́тил: — Во, футбо́л!

Всюду вхож, как ме́дный грош.

Вставля́ть па́лки в колёса.
Вся́кая вся́чина.
Входи́ть в курс де́ла.
Кровь за кровь.
Со всех концо́в.
Фи́рма ве́ников не вя́жет.

/x/ — /x'/

Ми́мо Пахо́м е́хал верхо́м.
Ху́до ли ухи́ хлебну́ть, да не о́хнуть, не вздохну́ть.

Тра́х-та́х-та́х! —
И то́лько э́хо
Отклика́ется в дома́х…
То́лько вью́га до́лгим сме́хом
Залива́ется в снега́х…
Тра́х-та́х-та́х!
Тра́х-та́х-та́х!

Осе́нний день высо́к и тих,
Лишь слы́шно — во́рон глу́хо
Зовёт това́рищей свои́х,
Да ка́шляет стару́ха.

В гостя́х хорошо́, а до́ма лу́чше.
Где бо́льше двух, говоря́т вслух.
Голо́дное брю́хо к уче́нью глу́хо.
И на стару́ху быва́ет прору́ха.
С ви́ду тих, да хара́ктером лих.

В двух шага́х.
Говори́ть на ра́зных языка́х.
Есть ещё по́рох в пороховни́цах.
Заблуди́ться в трёх со́снах.
И смех и грех.
Ни слу́ху ни ду́ху.
Разнести́ в пух и прах.
Хоть бы хны.
Хоть стой, хоть па́дай.

/d/–/d'/

Дед Дани́ла дели́л ды́ню: до́льку — Ди́ме,
до́льку — Ди́не.
Дед Додо́н в дуду́ дуде́л,
Ди́мку дед дудо́й заде́л.
Дя́тел жил в дупле́ пусто́м,
дуб долби́л, как долото́м.

Дя́дя Я́ков, дя́дя Я́ков,
Где же ты? Где же ты?
Ко́локол уда́рил,
Ко́локол уда́рил:
— Ди́нь-ди́нь-до́н!
— Ди́нь-ди́нь-до́н!

День на́ день не прихо́дится.
Де́ньги — де́ло наживно́е.
Держи́ но́ги в тепле́,
го́лову — в хо́лоде,
а живо́т — в го́лоде.
Не суди́те, да не суди́мы бу́дете.

Бе́з году неде́ля.
Де́лать де́ньги.
Де́нь-деньско́й.
Оди́н на оди́н.
Ходя́чая энциклопе́дия.

/t/ – /t'/

Пять опя́т, пять утя́т.

Тарака́н живёт за пе́чкой — то́-то тёплое месте́чко!

Те́терев сиде́л на де́реве, от де́рева тень те́терева.

Ти́хо, ти́хо, ти́хо, ти́хо в ти́хий те́рем вхо́дит Ти́хон.

— Тит, иди́ молоти́ть!

— Брю́хо боли́т.

— Тит, иди́ вино́ пить!

— Бабёнка, дава́й шубёнку.

Как хорошо́ уме́ть чита́ть!

Не на́до к ма́ме пристава́ть,

Не на́до ба́бушку трясти́:

— Прочти́, пожа́луйста! Прочти́!

Не на́до умоля́ть сестри́цу:

— Ну, прочита́й ещё страни́цу!

Не на́до звать, не на́до ждать,

А мо́жно взять и прочита́ть.

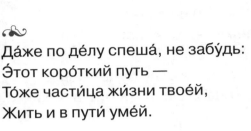

Да́же по де́лу спеша́, не забу́дь:
Э́тот коро́ткий путь —
То́же части́ца жи́зни твое́й,
Жить и в пути́ умей.

В ти́хом о́муте че́рти во́дятся.
На вся́кое хоте́ние есть терпе́ние.
Терпе́нье и труд всё перетру́т.

От темна́ до темна́.
Плыть по тече́нию.
Рвать и мета́ть.
Сиде́ть в четырёх стена́х.
Тепе́рь мы кви́ты.
Тю́телька в тю́тельку.
Уйти́ в кусты́.

27

/s/ — /s'/

В се́меро сане́й по се́меро в са́ни усе́лись са́ми.
Везёт Се́нька Са́ньку с Со́нькой на са́нках. Са́нки —
скок, Се́ньку — с ног, Со́ньку — в бок, Са́ньку — в лоб,
всех — в сугро́б.
Но́сит Се́ня се́но в се́ни, спать на се́не бу́дет Се́ня.
О́сип охри́п, Архи́п оси́п. Тепе́рь О́сип хрипи́т, а Архи́п
сипи́т.
У осетра́ была́ сестра́, она́ пила́ ситро́ с утра́.

Не́бо си́нее,
Мо́ре си́нее,
Па́па си́льный,
А ма́ма краси́вая.

Карасёнку раз карась
Подарил раскраску.
И сказал карась:
— Раскрась, карасёнок, сказку!
На раскраске карасёнка
Три весёлых поросёнка.
Карасёнок поросят
Перекрасил в карасят.

А Васька слушает да ест.
Всем сёстрам по серьгам.
Лет до ста расти нам без старости.
Не родись красивой, а родись счастливой.
С сильным не борись, с богатым не судись.
Свои люди — сочтёмся.
Старость не в радость.

Авось пронесёт.
Для очистки совести.
Не за страх, а за совесть.
С секунды на секунду
Страсти-мордасти.

/z/ — /z'/

*А му́за — раба́ ра́зума.
Была́ стару́ха в ска́зке злой,
звала́ся Ба́бою-Яго́й.
Во́зле лозы́ стои́т коза́,
уста́вив се́рые глаза́.
Зави́стливая Зи́на зави́дует Зо́е:
везёт же Зо́е — везу́т Зо́ю
к Везу́вию!
Зи́на с корзи́ной и зимо́й
в магази́не.
О́слик был сего́дня зол: он узна́л, что он — осёл.

А вы, друзья́, как ни сади́тесь, всё в музыка́нты
не годи́тесь.
Все за одного́, оди́н за всех.
Друзья́ познаю́тся в беде́.
Злы́е языки́ страшне́е пистоле́та.
Из гря́зи в кня́зи.
Назва́лся гру́здем — полеза́й в ку́зов.

Зáйку брóсила хозяйка,
Под дождём остáлся зáйка.
Со скамéйки слезть не смог,
Весь до нúточки промóк.

Из кýзова в кýзов
Шла перегрýзка арбýзов.
В грозý в грязú от грýза арбýзов
Развалúлся кýзов.

Говорúть за глазá.
Заговáривать зýбы.
Зуб нá зуб не попадáет.
Как сквозь зéмлю провалúлся.
От зарú до зарú.
С глáзу нá глаз.

/č/

Дочь не прочь тебе помочь.
Ученик учил уроки, у него
в чернилах щёки.
Черепаха, не скучая, час
сидит за чашкой чая.

Чо́к-чо́к-чо́к,
Зу́бы на крючо́к.
Кто заговори́т,
Тому́ в лоб щелчо́к.

Идёт бычо́к, кача́ется,
Вздыха́ет на ходу́:
— Ох, доска́ конча́ется,
Сейча́с я упаду́.

Ве́тер, ве́тер, ты могу́ч,
Ты гоня́ешь ста́и туч.

Наша Таня громко плачет:
Уронила в речку мячик.
Тише, Танечка, не плачь —
Не утонет в речке мяч.

Нет радости вечной, нет печали бесконечной.
Под лежачий камень вода не течёт.
Чему быть, того не миновать.

Плечом к плечу.
Точен как часы.
Час от часу не легче.

/č/ − /t'/

В четве́рг четвёртого числа́, в четы́ре с че́твертью часа́,
четы́ре чёрненьких, чума́зеньких чертёнка черти́ли
чёрными черни́лами чертёж чрезвыча́йно чи́сто.
*Течёт мо́ре — не ром течёт.
Течёт ре́чка — печёт пе́чка.

Жанр эпита́фий свя́то чти,
Как я их чтил и чту.
Прочёл их ты́сячу почти́,
А э́ту — не прочту́.

Не́ было печа́ли, так че́рти накача́ли.
Не моя́ печа́ль чужи́х дете́й кача́ть.
Точь-в-то́чь, как в мать дочь.

Всё честь по че́сти.
Оста́лось нача́ть и ко́нчить.
Чем чёрт не шу́тит.

/š/

Меж камыша́ми слы́шно шурша́нье,
шёпот и шо́рох, ше́лест верши́н.
Шака́л шага́л с кошёлкой,
нашёл куша́к из шёлка.

Ми́лости прошу́
К на́шему шалашу́:
Я пирого́в накрошу́
И отку́шать попрошу́.

Мышо́нку ше́пчет мышь:
— Ты всё не спишь, шурши́шь.
Мышо́нок ше́пчет мы́ши:
— Шурша́ть я бу́ду ти́ше.

В тишине́ лесно́й глуши́
Шёпот к шо́роху спеши́т.
Шёпот к шо́роху спеши́т,
Шёпот шо́роху шурши́т.
— Ты куда́?
— К тебе́ лечу́.
Дай на у́шко пошепчу́:
— Шу-шу-шу́ да ши-ши-ши́.
Ти́ше, шо́рох, не шурши́.
Навостри́-ка у́ши —
Тишину́ послу́шай!
Слы́шишь?
— Слы́шу.

Всё хорошо́, что хорошо́ конча́ется.
Лу́чше ме́ньше, да лу́чше.
Ум хорошо́, а два лу́чше.
Хороша́ Ма́ша, да не на́ша.
Чем да́льше в лес, тем бо́льше дров.
Ши́ла в мешке́ не утаи́шь.

Душа́ в ду́шу.
Шаг за ша́гом.

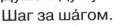

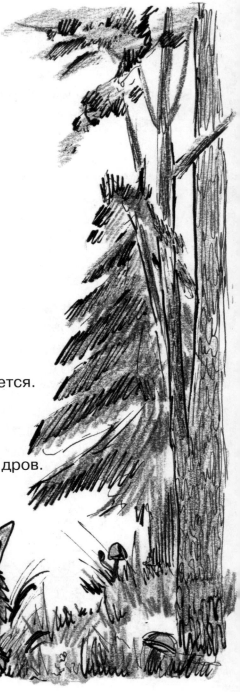

/š/ — /s/ — /s'/

Весе́лей, Саве́лий, се́но пошеве́ливай.
Шла Са́ша по шоссе́ и соса́ла су́шку.

Мы́шка су́шек насуши́ла,
Мы́шка мы́шек пригласи́ла.
Мы́шки су́шки ку́шать ста́ли,
Зу́бы сра́зу все слома́ли.

Мудре́йшая пти́ца на све́те
Сова́.
Всё слы́шит,
Но о́чень скупа́ на слова́.
Чем бо́льше услы́шит —
Тем ме́ньше болта́ет.
Ах, э́того мно́гим из нас
Не хвата́ет.

Кашу маслом не испортишь.
Один с сошкой, семеро с ложкой.
С кем поведёшься,
от того и наберёшься.
У всякой Машки свой замашки:
одна любит кастрюли и чашки,
другая — серёжки и пряжки.

На душе кошки скребут.
Душа нараспашку.

/ž/

Вдоль доро́жек бежи́т ёжик.
Жужжи́т жу́желица, жужжи́т, да не кру́жится.
Жук упа́л и встать не мо́жет; ждёт он, кто ему́ помо́жет.
У ежа́ ежа́та, у ужа́ ужа́та.

Ужа́ ужа́лила ужи́ца,
Ужу́ с ужи́цей не ужи́ться.
Уж уж от у́жаса стал у́же:
Ужа́ ужи́ца съест на у́жин.

А жуки́ живу́т — жужжа́,
Не жужжа́ть жука́м — нельзя́.
Без жужжа́ния жуки́
Заболе́ют от тоски́.

40

Жук жуку́ жужжа́л:
— Жу-жу́. Я по-дру́жески скажу́:
Жук, жару́ мы переждём,
Жа́рит так перед дождём!

Бережёного Бог бережёт.
Живём — хлеб жуём.
Путь к се́рдцу му́жа лежи́т через желу́док.

Не в слу́жбу, а в дру́жбу.
Сажа́ть в лу́жу.
Скажи́ пожа́луйста!
Сложи́ть ору́жие.

/š/ — /ž/

Ель на ёжика похо́жа:
ёж в иго́лках, ёлка то́же.
Испуга́лись медвежо́нка
ёж с ежи́хой и ежо́нком.
Уж в лу́же ужи́.

УЖА́СНАЯ УЖИ́НАЯ ИСТО́РИЯ

Ужа́ ужа́лила оса́ —
Быва́ют в жи́зни чудеса́.
Ужа́лила его́ в живо́т —
Ужу́ ужа́сно бо́льно, вот.
Но до́ктор ёж сказа́л ужу́:
— Я ничего́ не нахожу́,
Но всё же, ду́мается мне,
Лежа́ть вам лу́чше на спине́,
Пока́ живо́т не заживёт.
Вот.

ГЛУ́ПАЯ ЛО́ШАДЬ

Ло́шадь купи́ла четы́ре гало́ши:
Па́ру хоро́ших и па́ру поплóше.
Éсли денёк выдаётся погóжий,
Ло́шадь гуля́ет в галóшах хоро́ших.
Стóит просы́паться пéрвой поро́ше —
Ло́шадь выхóдит в галóшах поплóше.
Éсли же лу́жи на у́лице сплошь,
Ло́шадь выхóдит совсéм без галóш.
Что же ты, Ло́шадь, жалéешь гало́ши?
Ра́зве здорóвье тебé не доро́же?

В шалашé шурши́т шелка́ми
Жёлтый дéрвиш из Алжи́ра
И, жонгли́руя ножа́ми,
Шту́ку ку́шает инжи́ра.

Жил на свете Джонни —
Знаете его?
Не было у Джонни
Ровно ничего!
Нечего покушать,
Нечего надеть,
Не к чему стремиться,
Не о чем жалеть.
Нечего бояться,
Нечего терять!
Весело живётся —
Нечего сказать!

Был бы милый по душе, проживёшь и в шалаше.
Подальше положишь — поближе возьмёшь.
Служить бы рад, прислуживаться тошно.
Что посеешь, то и пожнёшь.

Душа не лежит.
Жить душа в душу.
Мороз по коже прошёл.
Мурашки бегают по коже.
На каждом шагу.
Прожужжать все уши.

/ž/ – /z/

Я е́зжу и ви́жу у Зо́и ежа́, а в ва́зе язя́ и живо́го ужа́.

А жуки́ живу́т — жужжа́,
Не жужжа́ть жука́м — нельзя́.
Без жужжа́ния жуки́
Заболе́ют от тоски́.

А
В чужу́ю ду́шу не вле́зешь.
За чужи́м пого́нишься — своё потеря́ешь.

А
Держа́ть язы́к за зуба́ми.
Желе́зный за́навес.
Чужи́ми рука́ми жар загреба́ть.

/š:'/

Два щенка, щека́ к щеке́, щи́плют щётку в уголке́.

Не тот, това́рищи, това́рищу това́рищ, кто при това́рищах това́рищу това́рищ, а тот, това́рищи, това́рищу това́рищ, кто без това́рищей това́рищу това́рищ.

Чи́щу о́вощи для щей — ско́лько ну́жно овоще́й?

Щёткой чи́щу я щенка́, щекочу́ ему́ бока́.

То́щий Ти́мка всех тоще́е —
То́ще то́щего Коще́я!
Он соло́минки не то́лще,
Волоси́нки Ти́мка то́ньше.
Он не ест у нас ни щей,
Ни борще́й,
Ни овоще́й —
Вот и то́щий,
Как Ко́щей.

Щу́ка в ре́чке жила́,
Щёткой во́ду мела́,
Щи вари́ла для госте́й,
Угоща́ла пескаре́й.

Во́лки в ча́ще ры́щут — во́лки пи́щу и́щут.
Из плохи́х овоще́й не сва́ришь хоро́ших щей.
Не ищи́ красоты́, ищи́ доброты́.
Не́ было бы сча́стья, да несча́стье помогло́.

Ищи́-свищи́.
Со щито́м или на щите́.

/š:'/ - /š/ - /s'/

У осы́ не усы́, не уси́щи,
а у́сики.
У Серёжи усы́ — уси́щи,
а у Са́ши у́ши — уши́щи.

Щу́чка в о́зере жила́,
Червячка́ с крючка́ сняла́.
Навари́ла щу́чка щей,
Пригласи́ла трёх ерше́й.
Говори́ли всем ерши́:
— Щи у щу́чки хороши́!

Из плохи́х овоще́й
не сва́ришь хоро́ших щей.
Име́ющий у́ши да услы́шит.
Про́сим проще́ния
за на́ше угоще́нье.

За́ уши не отта́щишь.
Скре́щивать шпа́ги.
Треща́ть по всем швам.

/d/ — /d'/ — /ž/

В э́том до́ме ка́ждый
день — тень.
Дя́тел жил в дупле́
пусто́м, дуб долби́л,
как долото́м.

❦

Де́ньги — де́ло наживно́е.
Держи́ но́ги в тепле́, го́лову — в хо́лоде,
а живо́т — в го́лоде.

Дру́жба дру́жбой,
а де́ньгам счёт.
Здоро́вье доро́же
де́нег.
Подождём — не под
дождём.

Жди меня, и я вернусь,
Только очень жди.
Жди, когда наводят грусть
Жёлтые дожди.
Жди, когда снега метут,
Жди, когда жара,
Жди, когда других не ждут,
Позабыв вчера.

Дворник дверь два дня держал —
Деревянный дом дрожал.
Ветер дёргал эту дверь,
Дворник думал: это зверь.

Вводить в заблуждение.
Задеть за живое.

/с/

Ца́пля, сто́я на крыльце́,
Объясня́ет бу́кву «Ц»:
— Подойди́, цыплёнок Цып.
Повторя́й-ка: цы́п-цы́п-цы́п.
Е́сли вы́учишь уро́к,
Подарю́ тебе́ цвето́к.

«Ц» на ка́ждой есть страни́це:
На «грани́це» и в «столи́це»,
И в «цыпля́тах на крыльце́»
То́же есть две бу́квы «Ц».

Пти́ца хо́чет пробуди́ться,
Запева́ет пе́сню пти́ца,
Потому́ что пти́це с пе́сней
Пробужда́ться интере́сней.

И хо́чется, и ко́лется.

И швец, и жнец, и на дуде́ игре́ц.

Коне́ц — де́лу вене́ц.

Лицо́м к лицу́ лица́ не увида́ть.

Любо́вь — кольцо́, а у кольца́ нача́ла нет и нет конца́.

На́ша го́рница с пого́дой не спо́рится.

Я́йца ку́рицу не у́чат.

В конце́ концо́в.

Па́лец о па́лец не уда́рит.

Се́рдце кро́вью облива́ется.

Из сосе́днего коло́дца це́лый день води́ца льётся.

Метёт в лесу́ мете́лица, бе́лым сне́гом сте́лется.

Цыга́н на цы́почках стои́т и «Цыц!» цыплёнку говори́т.

/r/ – /r'/

Бра́вый Ро́берт — бодр,
бу́рый бобр — добр.
На дворе́ — трава́, на
траве́ — дрова́; не руби́
дрова́ на траве́ двора́.
Не то здо́рово, что бы́ло
здо́рово, а то здо́рово,
что не́ было здо́рово.
Вот здо́рово, так здо́рово!

Отворя́й, Варва́ра, воро́та, ко́ли не враг за воро́тами,
а врагу́ да не́другу от Варва́риных воро́т — поворо́т.
Со́рок соро́к в коро́ткий сро́к съе́ли сыро́к.
Топоры́ остры́ до поры́, до поры́ остры́ топоры́.
Три́дцать три трубача́ трево́жно труби́ли трево́гу.
У осетра́ была́ сестра́, она́ пила́ ситро́ с утра́.
У ряби́ны ря́дом с гря́дкой пря́ха пря́ла пря́жи пря́дку.
У́тром, присе́в на зелёном приго́рке, у́чат соро́ки
скорогово́рки.

⌐∾

Вы́шел бы Его́р во двор,
То́лько тру́сит:
У крыльца́ щено́к Трезо́р —
Вдруг уку́сит?
Хо́чет в дом войти́ Трезо́р,
То́лько ви́дит:
У окна́ сиди́т Его́р —
Вдруг оби́дит?

Гром гремит на всю округу.
Грому рады — ровно другу.
С треском, грохотом гремит
Так, что всё вокруг дрожит...
Ну и треск! Вот это гром!
Ох, гроза! Пожар кругом:
Так сверкнёт вокруг вдруг ярко.
От грозы на небе жарко!
Гром народ благодарил:
Гром прохладу подарил.

Без труда не вытащишь и рыбку из пруда.
На безрыбье и рак рыба.
На всякого Егорку есть поговорка.
От добра добра не ищут.
Семь раз примерь, один раз отрежь.
Терпенье и труд всё перетрут.
Худой мир лучше доброй ссоры.
Что написано пером, того не вырубишь топором.

Всё трын-трава.
Открывать Америку.
Работать не покладая рук.
Разжевать и в рот положить.
Рыцарь без страха и упрёка.
Хоть караул кричи.

/l/ - /l'/

Топали да топали,
Дотопали до тополя,
До тополя дотопали,
Да ноги все протопали.

☙

Вы ловили Олю, а выловили Лёлю.
Галка ходила по гальке.
Лиля лилию лиловую лелеяла в аллее.
Морская волна сильна и вольна.
Ольга в ольховом пальто печально прильнула к льдине.
Плывут плоты вплотную.
Сел сокол на гол ствол.
Тепло, хоть и плохо.
У ёлки иголки колки.
Умён ленивый Лёня — он ел малины вволю.

☙

Лена искала булавку,
Булавка упала под лавку.
Под лавку взглянуть было лень,
Искала булавку весь день.

«Всё моё», — сказа́ло зла́то;
«Всё моё», — сказа́л була́т.
«Всё куплю́», — сказа́ло зла́то;
«Всё возьму́», — сказа́л була́т.

Иго́лка мала́, да бо́льно ко́лет.
Ко́нчил де́ло — гуля́й сме́ло.
Людска́я молва́, что морска́я волна́.
Пришёл, уви́дел, победи́л.
Ско́лько голо́в, сто́лько умо́в.
Толку́, толку́, а всё бе́з толку.
Чем бы дитя́ ни те́шилось, лишь бы не пла́кало.

— Иль ты, иль я, —
Сказа́л Илья́.
— Скоре́й в полёт:
Вдруг дождь польёт?! —
Сказа́л Илью́ше Ко́ля,
Вбива́я в зе́млю ко́лья.

Вставля́ть па́лки в колёса.
Голо́дный как волк.
Идти́ куда́ глаза́ глядя́т.
Име́ть го́лову на плеча́х.
Лиха́ беда́ нача́ло.
Лови́ть на́ слове.
Мал да уда́л.
Хоть кол на голове́ теши.

/r/ — /r'/ — /l/ — /l'/

Каре́лия к Вале́рию уе́хала
в Каре́лию.
Карл у Кла́ры укра́л кора́ллы, Кла́ра
у Ка́рла укра́ла кларне́т.
Короле́ва Кла́ра стро́го Ка́рла кара́ла
за кра́жу кора́лла.
Коро́ль — орёл!
Уви́дел Вале́ра верблю́да в вольере.

До́рог А́лику рога́лик,
А́лле дал рога́лик А́лик.
Га́ля А́лика руга́ла,
А рога́лик е́ла А́лла.

О чём грустя́т кора́блики
От су́ши вдалеке́?
Грустя́т, грустя́т кора́блики
О ме́ли на реке́.
Где мо́жно на мину́точку
Присе́сть и отдохну́ть,
И где совсе́м ни чу́точки
Не стра́шно утону́ть.

Жи́ли в доли́не Ни́ла
Три больши́х крокоди́ла:
Пе́рвый — то́лько большо́й,
Второ́й — с прекра́сной
душо́й,
А тре́тий — ну про́сто ми́лый.
Но всех их зову́т —
крокоди́лы.

Кто в лес, кто по дрова́, кто
рубль, кто полтора́.
Орёл орла́ плоди́т, а сова́ сову́ роди́т.

Без руля́ и без ветри́л.
Быльём поросло́.
Взгляну́л — как рублём подари́л.
Вре́мя — лу́чший ле́карь.
Кровь заговори́ла.
Крокоди́ловы слёзы.

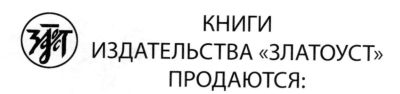

КНИГИ
ИЗДАТЕЛЬСТВА «ЗЛАТОУСТ»
ПРОДАЮТСЯ:

ДАЛЬНЕЕ ЗАРУБЕЖЬЕ

OUR BOOKS ARE AVAILABLE IN THE FOLLOWING BOOKSTORES:

Argentina: **SBS Librería Internacional** (Buenos Aires), Avelino Díaz 533.
Tel/fax: +54 11 4926 0194, e-mail: sbs@sbs.com.ar, www.sbs.com.ar

Australia: **Language International Bookshop** (Hawthorn), 825 Glenferrie
Road, VIC 3122. Tel.: +3 98 19 09 00, fax: +3 98 19 00 32,
e-mail: info@languageint.com.au, www.languageint.com.au

Austria: **OBV Handelsgesellschaft mbH** (Wien), Frankgasse 4.
Tel.: +43 1 401 36 36, fax: +43 1 401 36 60,
e-mail: office@buchservice.at, service@oebv.at, www.oebv.at

Belgium: **La Librairie Europeenne — The European Bookshop** (Brussels), 1
rue de l'Orme. Tel.: +32 2 734 02 81, fax: +32 2 735 08 60,
ad@libeurop.eu, www.libeurop.be

Brazil: **DISAL S.A** (San Paulo), Av. Marques S.Vicente 182 - Barra Funda,
Tel: +55 11 3226-3100,
e-mail: comercialdisal@disal.com.br, www.disal.com.br

Croatia, Bosnia: **Official distributor Sputnik d.o.o.** (Zagreb), Krajiška 27/1.kat.
Tel./fax: +385 1 370 29 62, +385 1 376 40 34, fax: + 358 1 370 12 65,
mobile: +358 91 971 44 94, e-mail: info@sputnik-jezici.hr, www.
sputnik-jezici.hr

Czech Republik: **MEGABOOKS CZ** (Praha), Třebohostická 2283/2, 100 00 Praha 10
Strašnice. Tel.: + 420 272 123 19 01 93, fax: +420 272 12 31 94,
e-mail: info@megabooks.cz, www.megabooks.cz
Styria, s.r.o. (Brno), Palackého 66. Tel./fax:+420 5 549 211 476,
mobile: + 420 777 259 968, e-mail:styria@styria.cz, www.styria.cz

Cyprus: **Agrotis Import-Export Agencies** (Nicosia).
Tel.: +357 22 31 477/2, fax: +357 22 31 42 83,
agrotisr@cytanet.com.cy

Estonia: **AS Dialoog (Tartu, Tallinn, Narva).** Tel./fax: +372 7 30 40 94,
e-mail: info@dialoog.ee; www.dialoog.ee, www.exlibris.ee
Tallinn, Gonsiori 13 – 23, tel./fax: +372 662 08 88,
e-mail: tallinn@dialoog.ee;
Tartu, Turu 9, tel.: +372 730 40 95, fax: + 372 730 40 94,
e-mail: tartu@dialoog.ee;
Narva, Kreenholmi 3, tel.: +372 356 04 94, fax: +372 359 10 40,
e-mail: narva@dialoog.ee

Finland:	**Ruslania Books Corp.** (Helsinki), Bulevardi 7, FI-00100 Helsinki. Tel.: +358 9 27 27 07 27, fax +358 9 27 27 07 20, e-mail: books@ruslania.com, www.ruslania.com
France:	**SEDR** (Paris), Tel.: +33 1 45 43 51 76, fax: +33 1 45 43 51 23, e-mail: info@sedr.fr, www.sedr.fr
	Librairie du Globe (Paris), Boulevard Beaumarchais 67. Tel. +33 1 42 77 36 36, fax: 33 1 42 77 31 41, e-mail: info@librairieduglobe.com, www.librairieduglobe.com
Germany:	**Official distributor Esterum** (Frankfurt am Main). Tel.: +49 69 40 35 46 40, fax: +49 69 49 096 21, e-mail Lm@esterum.com, www.esterum.com
	Kubon & Sagner GmbH (Munich), Heßstraße 39/41. Tel.: +49 89 54 21 81 10, fax: +49 89 54 21 82 18, e-mail: postmaster@kubon-sagner.de
	Kubon & Sagner GmbH (Berlin), Friedrichstraße 200. Tel./fax: +49 89 54 21 82 18, e-mail: Ivo.Ulrich@kubon-sagner.de, www.kubon-sagner.de
	Buchhandlung "RUSSISCHE BÜCHER" (Berlin), Kantstrasse 84, 10627 Berlin, Friedrichstraße 176–179. Tel.: +49 3 03 23 48 15, fax +49 33 20 98 03 80, e-mail: knigi@gelikon.de, www.gelikon.de
Greece:	**«Дом русской книги "Арбатъ"»** (Athens), El. Venizelou 219, Kallithea. Tel./fax: +30 210 957 34 00, +30 210 957 34 80, e-mail: arbat@arbat.gr, www.arbat.gr
	«Арбат» (Athens), Ag. Konstantinu 21, Omonia. Tel.: + 30 210 520 38 95, fax: + 30 210 520 38 95, e-mail: info@arbatbooks.gr, www.arbatbooks.gr
	Avrora (Saloniki), Halkeon 15. Tel.: +30 2310 23 39 51, e-mail info@avrora.gr, www.avrora.gr
Ireland:	**Belobog** (Nenagh). Tel.: +3053 87 2 96 93 27, e-mail: info@russianbooks.ie, www.russianbooks.ie
Holland:	**Boekhandel Pegasus** (Amsterdam), Singel 36. Tel.: +31 20 623 11 38, fax: +31 20 620 34 78, e-mail: pegasus@pegasusboek.nl, slavistiek@pegasusboek.nl, www.pegasusboek.nl
Italy:	**il Punto Editoriale s.a.s.** (Roma), V. Cordonata 4. Tel./fax: + 39 66 79 58 05, e-mail: ilpuntoeditorialeroma@tin.it, www.libreriarussailpuntoroma.com
	Kniga di Doudar Lioubov (Milan). Tel.: +39 02 90 96 83 63, +39 338 825 77 17, kniga.m@tiscali.it
	Globo Libri (Genova), Via Piacenza 187 r. Tel./fax: +39 010 835 27 13, e-mail: info@globolibri.it, www.globolibri.it

Japan:	**Nauka Japan LLC** (Tokyo). Tel.: +81 3 32 19 01 55, fax: +81 3 32 19 01 58, e-mail: murakami@naukajapan.jp, www.naukajapan.jp **NISSO** (Tokyo), C/O OOMIYA, DAI 2 BIRU 6 F 4-1-7, HONGO, BUNKYO-KU. Tel: + 81 3 38 11 64 81, e-mail: matsuki@nisso.net, www.nisso.net
Latvia:	**SIA JANUS** (Riga), Jēzusbaznīcas iela 7/9, veikals (магазин) "Gora". Tel.: +371 6 7 20 46 33, +371 6 7 22 17 76 +371 6 7 22 17 78, e-mail: info@janus.lv, www.janus.lv
Poland:	**MPX Jacek Pasiewicz** (Warszawa), ul.Garibaldiego 4 lok.16A. Tel.: +48 22 813 46 14, mobile: +48 0 600 00 84 66, e-mail: jacek@knigi.pl, www.knigi.pl
	Księgarnia Rosyjska BOOKER (Warszawa), ul. Ptasia 4. Tel.: +48 22 613 31 87, fax: +48 22 826 17 36, mobile: 504 799 798, www.ksiegarniarosyjska.pl
	«Eurasian Global Network» (Lodz), ul. Piotrkowska 6/9. Tel.: +48 663 339 784, fax: +48 42 663 76 92, e-mail: kontakt@ksiazkizrosji.pl, http://ksiazkizrosji.pl
Serbia:	**DATA STATUS** (New Belgrade), M. Milankovića 1/45, Novi. Tel.: +381 11 301 78 32, fax: +381 11 301 78 35, e-mail: info@datastatus.rs, www.datastatus.rs
	Bakniga (Belgrade). Tel. +381 658 23 29 04, +381 11 264 21 78
Slovakia:	**MEGABOOKS SK** (Bratislava), Laurinska 9. Tel.: +421 (2) 69 30 78 16, e-mail: info@megabooks.sk, bookshop@megabooks.sk, www.megabooks.sk
Slovenia:	**Exclusive distributor: Ruski Ekspres d.o.o.** (Ljubljana), Proletarska c. 4. Tel.: +386 1 546 54 56, fax: +386 1 546 54 57, mobile: +386 31 662 073, e-mail: info@ruski-ekspres.com, www.ruski-ekspres.com
Spain:	**Alibri Llibreria** (Barcelona), Balmes 26. Tel.: +34 933 17 05 78, fax: +34 934 12 27 02, e-mail: info@alibri.es, www.books-world.com
	Dismar Libros (Barcelona), Ronda de Sant Pau, 25. Tel.: + 34 933 29 65 47, fax: +34 933 29 89 52, e-mail: dismar@eresmas.net, dismar@dismarlibros.com, www.dismarlibros.com
	Arcobaleno 2000 SI (Madrid), Santiago Massarnau, 4. Tel.: +34 91 407 98 45, fax: +34 91 407 56 82, e-mail: info@arcobaleno.es, www.arcobaleno.es
	Skazka (Valencia), c. Julio Antonio, 19. Tel.: +34 676 40 62 61, fax: + 34 963 41 92 46, e-mail: skazkaspain@yandex.ru, www.skazkaspain.com
	Instituto de Lengua y Cultura Rusa A.Pushkin (Barcelona) Ausias March 3, pral. 2a Tel.: +34 93 318-38-13, centroruso@centroruso.es

Switzerland: **PinkRus GmbH** (Zurich), Spiegelgasse 18.
Tel.: +41 4 262 22 66, fax: +41 4 262 24 34, e-mail: books@pinkrus.
ch, www.pinkrus.ch
Dom Knigi (Geneve), Rue du Midi 5.
Tel.: +41 22 733 95 12, fax: +41 22 740 15 30, e-mail info@domknigi.
ch, www.domknigi.ch

Turkey: **Yab-Yay** (Istanbul), Barbaros Bulvarı No: 73 Konrat Otel Karşısı Kat: 3
Beşiktaş, İstanbul, 34353, Beşiktaş.
Tel.: +90 212 258 39 13, fax: +90 212 259 88 63,
e-mail: yabyay@isbank.net.tr, info@yabyay.com, www.yabyay.com

United Kingdom: **European Schoolbooks Limited** (Cheltenham), The Runnings,
Cheltenham GL51 9PQ.
Tel.: + 44 1242 22 42 52, fax: + 44 1242 22 41 37
European Schoolbooks Limited (London), 5 Warwick Street,
London W1B 5LU.
Tel.: +44 20 77 34 52 59, fax: +44 20 72 87 17 20,
e-mail: whouse2@esb.co.uk, www.eurobooks.co.uk
Grant & Cutler Ltd (London), 55–57 Great Marlborough Street,
London W1F 7AY.
Tel.: +44 020 70 20, 77 34 20 12, fax: +44 020 77 34 92 72,
e-mail: enquiries@grantandcutler.com, www.grantandcutler.com

USA, Canada: **Exclusive distributor: Russia Online** (Kensington md), Kensington
Pkwy, Ste A. 10335 Kensington, MD 20895-3359.
Tel.: +1 301 933 06 07, fax: +1 240 363 05 98,
e-mail: books@russia-on-line.com, www.russia-on-line.com